中国古代著名军事家

○ 主编 金开诚

○ 编著 李忠丽

吉林出版集团有限责任公司

吉林文史出版社

图书在版编目（CIP）数据

中国古代著名军事家 / 李忠丽编著. —长春：吉林出版集团有限责任公司，2011.4
（2023.4重印）
ISBN 978-7-5463-4978-7

Ⅰ.①中… Ⅱ.①李… Ⅲ.①军事家－生平事迹－中
国－古代 Ⅳ.①K825.2

中国版本图书馆CIP数据核字(2011)第053369号

中国古代著名军事家

ZHONGGUO GUDAI ZHUMING JUNSHIJIA

主编/金开诚 编著/李忠丽

项目负责/崔博华 责任编辑/崔博华 钟 杉

责任校对/钟 杉 装帧设计/李岩冰 林 涵

出版发行/吉林出版集团有限责任公司 吉林文史出版社

地址/长春市福祉大路5788号 邮编/130000

印刷/天津市天玺印务有限公司

版次/2011年4月第1版 印次/2023年4月第6次印刷

开本/660mm×915mm 1/16

印张/9 字数/30千

书号/ISBN 978-7-5463-4978-7

定价/34.80元

前 言

　　文化是一种社会现象，是人类物质文明和精神文明有机融合的产物；同时又是一种历史现象，是社会的历史沉积。当今世界，随着经济全球化进程的加快，人们也越来越重视本民族的文化。我们只有加强对本民族文化的继承和创新，才能更好地弘扬民族精神，增强民族凝聚力。历史经验告诉我们，任何一个民族要想屹立于世界民族之林，必须具有自尊、自信、自强的民族意识。文化是维系一个民族生存和发展的强大动力。一个民族的存在依赖文化，文化的解体就是一个民族的消亡。

　　随着我国综合国力的日益强大，广大民众对重塑民族自尊心和自豪感的愿望日益迫切。作为民族大家庭中的一员，将源远流长、博大精深的中国文化继承并传播给广大群众，特别是青年一代，是我们出版人义不容辞的责任。

　　本套丛书是由吉林文史出版社和吉林出版集团有限责任公司组织国内知名专家学者编写的一套旨在传播中华五千年优秀传统文化，提高全民文化修养的大型知识读本。该书在深入挖掘和整理中华优秀传统文化成果的同时，结合社会发展，注入了时代精神。书中优美生动的文字、简明通俗的语言、图文并茂的形式，把中国文化中的物态文化、制度文化、行为文化、精神文化等知识要点全面展示给读者。点点滴滴的文化知识仿佛颗颗繁星，组成了灿烂辉煌的中国文化的天穹。

　　希望本书能为弘扬中华五千年优秀传统文化、增强各民族团结、构建社会主义和谐社会尽一份绵薄之力，也坚信我们的中华民族一定能够早日实现伟大复兴！

目录

一、战国中期著名军事家孙膑

(一) 勤学兵法, 获得进步

孙膑是战国时期的齐国人, 春秋时期著名军事家孙武 (《孙子兵法》的作者) 的后代, 孙膑小的时候生活孤苦, 长大之后, 又目睹当时各国之间不断进行着的争霸战争, 他认识到是战争的胜负决定了各个国家的命运, 于是决定投身到戎马生涯之中。

后来，经多方打听，孙膑知道一位学识渊博的人住在"鬼谷"山中，名叫鬼谷子，于是孙膑就拜鬼谷子为师学习兵法。鬼谷子的真实姓名叫王诩，是战国初期一位学识渊博、声望卓著的人物。他不愿做官，于是长期隐居在这座鬼谷山中，面授弟子知识。

鬼谷子的弟子中，兵法最出色的就是齐国的孙膑。孙膑为人朴实忠厚，非常勤奋，进步很快。据说，鬼谷子先生教给孙膑《孙子兵法》十三篇时，孙膑爱不释手，废寝忘食，日夜不停地研究诵读。三天以后，先生一篇一篇地提问孙膑，他都对答如流，没有一个字漏下，先生非常高兴地称赞说："孙武后继有人了！"

在孙膑跟随鬼谷子学习的时候，有个同学叫庞涓，两个人同窗多年，形影不离，亲如兄弟。与孙膑不同，庞涓浮夸自负，虽然身在山中，但心里却总想着早日飞黄腾达。庞涓答应孙膑，自己一旦得势，一定会在当权者面前推荐他。

　　不久，庞涓日夜期盼的机会来了。庞涓来到了魏国，托关系见到了魏惠王，替魏惠王东征西讨，办成了几件大事情，深得魏王的宠信，当上了魏国的大将军。庞涓知道齐国是个大国，齐国虽然败在自己手下，但始终是个顽强的对手。他也清楚孙膑的学识才能远远超过自己，而孙膑是齐国人，如果将来孙膑回到齐国，对他庞涓来说无疑是不利的。庞涓便派人把孙膑请到了魏国，准备推荐给魏惠王。

　　庞涓是个心胸狭窄的人，把孙膑请来以后，又不免后悔起来。他认为孙膑的才能胜过自己，在魏国留下来，今后一定会影响到自己的地位。于是他决心把友情放在一边，想办法害死孙膑。

　　庞涓表面上对孙膑很热情，背地里却使用毒计，在魏惠王面前编造了孙膑私通齐国的谎言。魏惠王信以为真。派人

把孙膑抓了起来，并施以黥刑（在脸上刺字，再涂上墨炭）和膑刑（挖去膝盖骨的酷刑），并且将他软禁。从此，孙膑终身残疾。孙膑在惨遭迫害、处境十分艰难的情况下，仍然夜以继日地研究《孙子兵法》。后来，有个齐国的使者来到魏国的都城大梁（今河南开封市），孙膑因为受过刑，又有庞涓的人监视，不能登门拜访齐使，只能偷偷地去见他。齐国使者见了孙膑，认为他是一个难得的人才，就秘密地把他带回了齐国。

（二）赛马出计，崭露锋芒

齐国的使臣把孙膑带回齐国后，先将他推荐给了大将田忌。田忌非常赏识孙膑的才能，用接待上等宾客的礼节殷勤地款待了他。

齐国的国君齐威王，平时非常喜欢赛马，经常邀集贵族们举行赛马比赛，并用黄金做赌注。田忌家里养了不少好马，但是每次比赛，总是赛不过齐威王的马。有一次，孙膑看田忌与齐威王赛马，上等马跟上等马赛，中等马跟中等马赛，下等马跟下等马赛，结果田忌三场都输了。孙膑发现，田忌的马和齐威王的马的速度其实相差并不大。等到下次比赛的时候，孙膑给田忌出了计策，第一场让田忌的下等马跟国君的上等马比赛；第二场，用田忌的上等马跟国君的中等马比赛；第三场，用田忌的中等马跟国君的下等马比赛。田忌按照孙膑的说法去办了。三场下来，第一场田忌输了，但是第二和第三场都赢了。最终结果是两胜一负，田忌赢得了比赛。

齐威王非常惊奇，问田忌是怎么取得胜利的，田忌坦率地回答说："今天的胜利，不是我那三匹马的功劳，而是孙膑出谋划策的结果。"田忌接着说："赛马虽然是小事情，但跟用兵的道理是一样的，

都需要多谋善断。孙膑精通兵法, 在用兵方面是一位出色的人才。"

从这件小事情中, 齐威王看出了孙膑出众的才智, 他非常高兴地召见了孙膑。孙膑陈述了自己对战争问题的看法, 认为战争关系到一个国家的生死存亡, 只有通过战争手段才能统一天下。齐威王有意问道: "如果不用武力, 能不能使天下归服呢?"孙膑肯定地说: "只有打胜了, 天下才会归服。您看, 黄帝同蚩尤打仗, 商汤灭掉夏朝, 周武王大败商纣王, 哪一个不是用武力解决问题?"孙膑还对战争进行了深刻的分析, 这些话深深地打动了齐威王和田忌, 齐威王便请孙膑留在宫中。不久, 齐威王拜孙膑为齐国军师。

(三) 出谋划策, 大显军事才能

几年之中, 齐国迅速强大起来。为了对抗魏国的威胁和争夺土地, 孙膑指挥了多次战斗，其中最著名的是"围魏救赵"和"马陵之战"两次战役。

公元前354年，魏国派将军庞涓带兵八万攻打赵国，很快包围了赵国的都城邯郸。赵国抵挡不住，就向盟友齐国请求救援。齐威王从自身利益出发，一方面先用部分兵力，联合宋、卫两个小国，攻打魏国的襄陵（今山西襄汾县），分散魏军的力量，使它处于两面作战的境地；另一方面，让赵、魏两国继续激战，以便鹬蚌相争，齐国坐收渔人之利。魏、赵两军相持一年多，双方都损失惨重，齐威王派田忌担任主将，孙膑为军师，统帅八万大军去救赵国。

田忌打算直奔邯郸（今河北邯郸），以解赵国之围。孙膑不同意，提出避开敌人实力强大之处，袭击敌人虚弱之处的计策；魏国攻赵，精兵大多在外，留在国内的，只不过是一些老弱残兵。趁魏国都城防务空虚，率军直奔大梁（今河南开

封西北），就可迫使魏军放弃赵国回来营救。田忌考虑到，孙膑这一作战指导的好处在于自己不必长途跋涉远袭邯郸，而可以调动魏军奔走，陷敌人于被动，使自己掌握战场主动权。于是，田忌采纳了孙膑的意见，率领齐军主力向大梁进军。

公元前353年，庞涓得意洋洋地率军进入邯郸，但是魏军已经疲于奔命，显得非常疲劳。而此时，齐军主力直接攻打大梁，大梁是魏国的都城，大梁的得失关系到战争的胜败、国家的存亡。因此，庞涓在打下邯郸后，顾不得让部下休整和喘息，被迫留下少数兵力留守邯郸，亲自带领大军急急忙忙回救大梁。

当魏国军队走到桂陵（今河南长垣西北）附近时，碰上了早已等在那里的齐军主力。魏军由于长期攻赵，兵力消耗较大，加上长途跋涉，士卒疲惫不堪。而齐国却是精力充沛，士气旺盛，两军交锋，很快就把魏军打得大败而归。魏国被迫议和，归还了邯郸。

"围魏救赵"，显示了孙膑杰出的军事才能，这一战法一直为后代军事家所赞赏和借鉴。

公元342年，魏国又派庞涓率领军队，向韩国进攻。韩国在魏国的西南，是七国中比较弱小的一个，自然抵挡不住强大的魏军，连忙向齐国求救。齐威王召集群臣商量，相国邹忌主张坐山观虎斗；田忌等则主张赶紧发兵相助。大臣们你一言我一语，争执不下。齐威王自己决定不了，就问在一旁一言不发的孙膑，孙膑说："我同意出兵救韩，但是不赞成马上出兵。现在韩、魏两国正在交锋，谁胜谁负，还未见分晓。如果我们马上出兵救韩国，就等于是让齐国代替韩国承担起抵抗魏军的重担。这样，我们的实力会受到打击，也不见得就有把握打败魏军。但是袖手旁观也不是办法，那样做，魏国灭了韩国，就会转过来加兵齐国。我们应该接

受韩国的请求，答应派兵援助，但是不要立即出兵。韩国得到我们将要出兵相救的消息，信心增强了，一定会拼死抗击魏军，这样可以充分发挥韩军的力量。魏军受到韩军的顽强抵抗，实力也会大大消耗。到了那个时候，我们再出动兵马，进攻魏军，才能十拿九稳，旗开得胜。"齐威王听了，大加赞赏，欣然采纳了孙膑的建议。

齐威王召见韩国的使臣，叫他回去告诉韩王，齐国决定出兵援助，希望韩国在援兵到来之前，能够坚持一下，顶住魏军的进攻。

得到齐军将要出兵相助的消息，韩军将士守卫国土的信心加强了。他们向魏军接连发动了五次猛烈的反攻，虽然未能把魏军打败，但也使魏军受到相当大的损失。

魏强韩弱，韩国军队到底不是魏军的对手。经过一段时间的苦战，韩国渐渐感到支持不住了。他们日夜盼望齐军，但一直不见齐军的到来。这时韩国只好再次派使臣到齐国，催促齐国赶快发兵。

再不出兵，韩国就有被打垮的危险了。在这紧要关头，孙膑认为救韩国时机已经成熟，便建议齐威王立即发兵。

公元前341年，当韩魏战斗更为激烈、两军实力都大为削弱的时候，齐威王才派田忌为主将，田婴为副将，孙膑为军师，率领齐军正式参战。在这次战役中，齐军按照孙膑的计策，仍把攻击的矛头直接指向魏国都城大梁。齐军攻入魏国不久，就获悉庞涓即将回师营救魏国的情报。孙膑就对田忌说："魏军一向轻视齐国，急于同我军主力进行决战。庞涓这个人这些年来打了一些胜仗，自以为兵强马壮，天下无敌，根本不把齐军放在眼里。加上他这次从韩国赶回来，轻装急进，日夜不停，恨不得一口把我们吃掉。兵法上说：百里而趣利者蹶上将，五十里而趣利

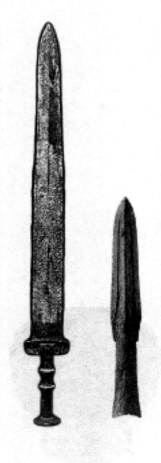

者军半至(如果急行军走一百里去争夺利益的,部队疲惫不堪,就有折损主将的危险;如果急行军走五十里去争夺利益,由于前后不能接应,只能够有一半军队赶到)。现在魏军犯了兵法上的大忌,轻兵冒进,急于求战。我们就应该好好利用这种形势,抓住敌人的弱点,来制订作战计划,击败敌军。"

经过周密的思考,孙膑终于制订了一个退兵减灶诱敌深入的计划。计划的具体内容是:在退兵的过程中,第一天造十万人煮饭的军灶,第二天减为可供五万人用的军灶,第三天减为可供三万人用的军灶……田忌、田婴按照孙膑的计谋行事,立刻避开魏军锋锐,不与他们接战,带领齐军迂回向东撤退,在撤退途中,逐日减少宿营地的军灶数目,给敌人造成错觉。

庞涓带领大军日夜兼程,怒气冲冲赶回魏国,本想与齐国决一死战,不料齐军突然掉头东撤，庞涓立即下令全军紧紧追赶。这样一连跟踪了三天，庞涓发现齐军的锅灶天天减少，便以为齐军士气低落，兵卒逃散严重，不由得大为庆幸。他丢下步兵和笨重的军事物资，带领一部分轻骑部队，马不停蹄，穷追不放。就这样，魏军被孙膑诱到了马陵（今河南范县西南）。马陵这个地方，两旁是山，树多林密，地势险要，中间只有一条狭窄的小路，是一个伏击歼敌的好战场。于是孙膑命令士兵伐木堵路，剥去路旁一棵大树的一段树皮，在那露出的白木上面写上"庞涓死于此树之下"几个大字。又挑选了一万名射箭的能手，分头埋伏在两旁的山林里，吩咐说："夜里，只要看见火光一闪，你们就一齐放箭。"

这天傍晚，庞涓率领魏军轻骑赶到马陵，发现横七竖八的树木阻塞了通道。庞涓指挥士兵搬木开道，猛然看到道旁一棵大树，上面有一段白木显露，隐约好

像有字，就叫人点来火把。在火光的照耀下，庞涓看清了那一行字，他惊叫道："我中了孙膑的诡计了！"说罢急忙命令魏军后退，但已经来不及了。埋伏在两旁的齐兵，一见火光升起，立刻万箭齐发。魏军轻骑猝不及防，顿时乱成一团，死的死，伤的伤，逃的逃。庞涓身负重伤，知道自己败局已定，便拔剑自杀了。

全歼了庞涓统率的精锐部队后，齐军

继续向魏军的后续部队和太子申率领的另一个部队发动进攻。魏军听说大将庞涓已死，非常恐慌。齐军奋勇杀敌，大败敌军，把太子申也活捉了过来。

经过马陵之战，魏国逐渐衰落。魏惠王不得不采用相国惠施的建议，跟齐国修好。齐国国势日益增强，跟秦国成为各占据东、西方的两个大国。

桂陵之战和马陵之战，是我国军事史上两次著名的战役。在这两次战役中，军事家孙膑充分发挥了他的军事指挥才能，取得了重大的胜利。

（四）著书立说，流传后世

孙膑的一生历经坎坷，他用坚强的意志和聪明的智慧，协助齐王打了许多胜仗，为改变齐国的地位立下汗马功劳。在马陵之战之后，齐王要给孙膑加官晋爵，孙膑谢绝了，并且请求免去自己的军

师职务。以后，他找了一个比较清净的地方，和他的学生们一起，进一步研究兵法知识，总结自己多年指挥作战的经验，写成了《孙膑兵法》一书。根据《汉书·艺文志》记载，这本书共有八十九篇，可惜后来失传了。1972年4月，该书失传一千多年后，在山东临沂银雀山西汉墓中，居然发现了《孙膑兵法》的残简，共三十篇，一万一千余字。现在已由出版社整理出版。

从《孙膑兵法》残简中可以看出，孙膑继承和发展了孙武、吴起的军事思想，反映和总结了战国初期、中期的战争经验，是一本很有价值的军事著作。

《孙膑兵法》残简中所载的军事思想精辟而实用，例如，孙膑肯定战争的不可避免，明确主张"战胜而强立"，以战争完成统一；他主张"事备而后动"，战前做好充分的物质准备和精神准备，才能做到"兵出而有功，入而不伤"；他还重视城池的攻取，重视人的作用，主张严格挑选将领和士卒，在和平时期，军队要按打仗时的要求进行训练，早晚不停，坚持不懈等。

《孙膑兵法》是在钻研孙武、吴起等军事家的基础上写成的，并有所突破和创新。孙膑能根据当时的实际情况，制定具体的战术。例如，孙膑根据当时的作战特点提出应大胆运用包围、迂回、伏击等进攻手段。著名的"围魏救赵"和马陵伏击，正是他战略、战术思想的全面体现。

《孙膑兵法》继承和发展了先辈的军事思想，总结了战国中期的战争经验，是我国古代重要的兵书之一。

孙膑本人不怕打击，不贪官禄，坚持从事兵法研究的精神和不墨守成规、勇于创新的胆识，都给后人留下了很好的启发和教育。

二、战国后期著名军事家
廉颇和蔺相如

（一）廉颇登上军事舞台

战国时期，各国之间为了争夺霸权，不断进行战争，为了增强实力，也不断进行改革变法，最著名的就是秦国的商鞅变法、吴起变法、李悝变法。公元前359年和公元前350年，商鞅实行了两次变法。因为秦国的政治改革比较彻底，所以经济力量和军事力量很快增长起来，成为一个中央集权的强国。

秦国在商鞅变法以后，陆续蚕食了邻近各国的土地，还击败了各国联合对付秦国的几次进攻，把势力一步步向东推进。秦国除了向韩、魏、楚等国进攻之外，还时常向邻近的赵国扩张势力，进行兼并战争。

公元前307年，秦国的秦武王死了。秦昭襄王即位的初期，国内因为争立君位发生了内乱，一时无暇对外兼并。公元前299年，赵国的赵武灵王把王位传给王子，这就是赵惠文王。

秦昭襄王在国内形势安定以后，便派兵进攻赵国。当时大将廉颇统帅着赵国的军队。廉颇是一个十分勇猛的武将，赵国的军队在他的统帅下，几次打退了秦军的攻势。秦昭襄王没有办法，只好在公元前285年约定赵惠文王在中阳相会讲和。

公元前283年，廉颇又领兵打败齐

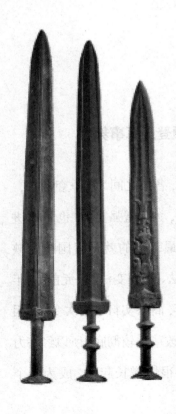

国，夺取了阳晋 (今山东郓城县西)。从此，廉颇勇猛善战的名声就在各国传开了。因为廉颇屡次立下战功，赵惠王便封他做上卿。在我国古代伟大的史学家司马迁的历史著作《史记》里，有一篇《廉颇蔺相如列传》，记载了战国后期秦国和赵国的军事斗争和外交斗争的情形。

(二) 完璧归赵

公元前283年，赵惠文王得到了楚国的"和氏璧"。这是块稀世宝玉，各国的国君都想把它据为己有。

秦昭襄王听说赵惠文王得到一块宝玉，于是差使者送信给赵王。信里说，秦国愿意用十五座城做代价，交换赵国的美玉。

秦王的使者到了赵国，把信送给赵王。赵王看过信，一下子拿不定主意，觉得很为难，便把廉颇和另外许多大臣召来，商量对策。可是他们商量之后，还是没有主意。如果把和氏璧送给秦国，如果秦国不兑现用十五座来交换的承诺，赵国就白白地受了欺骗；而如果不送给秦国，当时的情况是赵弱秦强，又怕秦国出兵攻打。赵国想派个使者到秦国去交涉，可是又挑不出合适的人来。

正在大家左右为难的时候，宦官缪贤向赵王推荐说："我家里有个管事人，名字叫蔺相如，挺能干的，处事稳重有方，不妨派他到秦国去。"赵王问："你怎么知道他有能力作为使者到秦国去呢？"缪贤就告诉赵王说："有一次，我因为得罪了大王，不敢在本国待下去了，打算偷偷地逃到燕国去。这件事给蔺相如知道了，他就劝我不要去，还问我：'你是怎么认识燕王的？'我告诉他说'我曾经跟随着大王在赵国的边境上会见过燕王。当时燕王曾经私下握住我的手，表示愿意和我交个朋友。因此，我决定到燕国去投靠燕

王。'蔺相如听了说："当时赵国强大，燕国弱小，你又是赵王得宠的臣子，所以燕王才愿意和你交朋友。现在你是得罪了赵王逃到燕国去的，燕王本来就怕赵国，我看燕王绝不敢收留你，说不定还会把你捆绑起来送还赵国。到那个时候，你的性命就难保了。你不如脱掉衣服，赤身伏在斧锧（古时候一种杀人的刑具，样子像现在的铡刀）上面，到大王的面前去认罪请求处罚，以得到大王的宽恕。'我照着他的话做了，承大王的恩典，果然宽恕了我。我以为蔺相如不但勇敢，而且很有智谋，考虑问题很周到，所以可以作为使臣

去跟秦国交涉。"

于是，赵王派人把蔺相如召来，当面问他："秦王要用十五座城来交换和氏璧，你认为应该答应吗？"

蔺相如回答说："秦国强大，赵国弱小，我们不得不答应。"赵王又问："要是秦王得了璧，却不肯把城给我们，那又该怎么办？"

蔺相如说："大王说得不错。但是依我看，秦国用十五座城来换和氏璧，要是赵国不答应，那就是我们没有理了；如果赵国把璧送到秦国去，而秦国不肯把城换给赵国，那么就是秦国不对。相比较，我以为应该答应秦国，把璧送去，使天下的人都看出秦国的不讲理，让秦国背负不讲道理的恶名。"

赵王又说："那么你看派谁到秦国去才比较合适？"蔺相如说："要是大王实在没有适当的人选，我倒愿意带了和氏璧到秦国去。假如秦王真的把十五座城给赵国，我就把璧给秦国；如果秦王不把城交出来，我一定把璧完完整整地带回来。"

于是，赵王就任命蔺相如为使臣，出发到秦国去。

到了秦国之后，秦王接见了蔺相如，蔺相如双手捧璧，把它献给秦王。秦王接过璧，左右端详，非常高兴，又依次递给嫔妃、文武大臣和侍从们欣赏。大臣们一起欢呼"万岁"，向秦王表示庆贺。

蔺相如独自站在一边，等了好久，发现秦王根本不提交出十五座城的事情。于是，他随机应变地跟秦王说："这块璧虽然很好，可惜有个小瑕疵，别人都看不出，让我指给大王看。"秦王听了他的话，就把璧给他，要蔺相如指出璧上的小瑕疵在哪里。

蔺相如趁机把璧收回，因为他知道只有自己跟和氏璧共存亡，才能防止秦王用暴力抢夺。他向后退了几步，身子靠

在柱子上，义正词严地对秦王大声说："当初大王想得到这块璧，派人送信给赵王，答应用十五座城来换它。于是赵王召集了文武大臣商议，大家都说：'秦国贪得无厌，绝不肯把十五座城给赵国，这分明是秦国仗着势力强大，想用几句空话来骗赵国的璧。'大家都不同意把璧送来。可是我却认为：即使普通人交朋友，还不至于互相欺骗，何况秦国是个堂堂的大国呢？我叫大家仔细商量，不要为一块璧而伤了两国的和气。赵王听了我的话，采纳了我的意见。赵王还特意斋戒（古代祭祀以前的礼节。在斋戒的期间不吃肉食，不饮酒，并洗澡换衣服，是表示敬重的意思）五天，然后亲自在朝廷上把国书交给我，这才派我来送璧。赵王的态度这样郑重，是表示对秦国的尊重。但是我来到秦国之后，看到的情形则完全不同。大王不在朝廷的正殿上接见我，却在这个日常居住的地方召见我。礼节不但简单，而且态度又这样傲慢。大王还把这么珍贵的宝玉随随便便给宫女们传看，这简直是在戏弄我，对赵国也不尊敬。我看大王并没有以城换璧的诚意，所以我把它收了回来。如果大王一定要逼迫我，我情愿把自己的脑袋和这块璧一起在柱子上撞个粉碎！"说着，蔺相如双手举起和氏璧，紧盯着柱子，仿佛随时准备狠狠砸去。

秦王恐怕蔺相如真把璧砸毁，连忙说好话赔礼，请他千万不要冲动；一面叫来掌管地图的官员送上地图。秦王摊开地图告诉蔺相如说：从这里到那里的十五座城，都将

划归赵国。

蔺相如想：秦王根本没有诚意，现在不过是装模作样，以后还是不肯把城给赵国的。于是，他又对秦王说："这块和氏璧，是天下公认的宝贝，赵王虽然十分喜爱它，可是因为害怕秦国势力强大，不敢不把它献给秦王。为了送来这块璧，赵王斋戒了五天，还在朝廷上举行隆重的仪式。现在大王接受这块璧，也应该斋戒五天。然后在朝廷山举行'九宾'(宾就是司仪。古代朝会大典时才设九宾，是非常隆重的礼仪，由九个迎宾赞礼的官员施礼，并依次传呼接引上殿)的受礼仪式，我才能把璧献给大王。"

秦王因为璧在蔺相如的手里，也不好强取豪夺，便一口应承说自己可以斋戒五天，随后又派人把蔺相如送去休息。

蔺相如知道，秦王虽然答应了自己的要求，但是他一定不想把十五座城换给赵国。蔺相如就叫自己的一个随从穿上粗麻布的衣裳，假装成普通老百姓的样子，身上藏了和氏璧，在秦王斋戒期间，秘密地从小路回赵国去了。

五天以后，秦王已经斋戒完毕，在朝廷上设下隆重的"九宾"仪式，想要尽快把和氏璧据为己有；于是传下命令，要蔺相如献璧。

蔺相如不慌不忙地走上朝廷，对秦王说："秦国从秦穆公以来，已有二十一位国君了，没有一个守条约讲信用。我唯恐被大王欺骗，对赵国不利，所以早已派人带了璧离开秦国，想来现在和氏璧已经回到赵国了。"

秦王听了这话，当即恼羞成怒。蔺相如仍旧从容不迫地说："天下诸侯，谁都知道秦强赵弱。因此如果大王派使者到赵国去索璧，赵国一定不敢违抗，不仅会接待使者，还会马上派我把璧送来。现在要是秦国真把十五座城

割让给赵国，再派人到赵国去取璧，赵国哪里还敢留下璧而得罪大王？我自知欺骗了大王，免不了一死，该怎么处置，我就请大王和诸位大臣决断吧！"

蔺相如的一番话，无情地揭穿了秦王骗取和氏璧的阴谋。秦王只有苦笑，无计可施。秦王左右的卫士作势要杀蔺相如，但被秦王喝住了。

秦王解嘲似的对大家说："现在就算把蔺相如杀掉，璧也还是得不到，反而损害了秦国和赵国的友谊，倒不如趁这个机会好好招待他，送他回赵国去。赵王绝不会为了一块璧而得罪秦国的。"

之后，秦王依旧按照九宾的礼节，在朝廷上郑重地招待了蔺相如，然后客气地送他回国。

蔺相如为了赵国的尊严，毫不惧怕强大的秦国，勇敢地和秦王进行斗争，终于把和氏璧完整地送回赵国，胜利地完成了使命。蔺相如回国以后，赵王认为他是个

很称职的使臣，因此拜他为上大夫。

在此之后，秦国没有把十五座城割让给赵国，赵国自然也就没有把和氏璧送给秦国。

（三）渑池会

公元前279年，蔺相如随赵王再次入秦，与秦王会于渑池（今河南渑池县）。这次秦赵渑池相会，赵国在外交上取得了重大的胜利。而对这次外交胜利的取得，蔺相如和廉颇都作出了重要的贡献。

起初，赵王接到虎狼之秦的赴会"邀请"，很是惶恐。因为赵国在同秦国的战争中刚

刚吃了两次败仗：第一次丢掉了石城（今河南林县）；第二次损兵两万，丢了光狼城（今山西省高平县）。所以，赵王很害怕秦王，不敢去赴约。廉颇、蔺相如则不以为然，他们认为：赵国虽然在战场上两次失败给秦国，但不该因此惧怕秦国，如果赵王此次不去赴会，不但表示向秦国示弱，而且在列国中也失去了威信。在两人的劝说下，赵王才决定赴会，由蔺相如随行。君臣一行离开赵国时，廉颇向赵王建议：大王此次赴秦，来回行程及会议总共不过三十日，如果三十日过后还不回来，我就在国内立太子为王，以断绝秦国要

挟大王，勒索赵国的念头。赵惠文王表示赞同。

赵王到了渑池，和秦王会见了。双方见面行过礼，便在宴席上交谈。秦王一面饮酒，一面有意寻找借口侮辱赵王。他不客气地对赵王说："我听说你喜欢弹瑟（古代的一种乐器），我这里有瑟，请你弹一支曲子给我听听！"赵王不敢推辞，只好弹了一支曲子。这时秦王的御史走来，把这件事情写在竹简上：某年某月某日，秦王和赵王在渑池会宴，秦王命令赵王弹瑟。蔺相如认为这是对赵国的莫大侮辱，心里十分恼火，再也不能忍受，于是他便上前对秦王说："赵王听说秦王擅长奏秦国的乐器，所以我献上一盆缶，请你敲敲盆缶给大家快活快活。"

秦王当即大怒，脸也变了颜色，不肯答应。蔺相如见秦王不肯接缶，便端起盆缶走过去，把它献给秦王。秦王还是不肯敲，蔺相如就说："现在我离大王只有五

步，如果大王不答应我的要求，在这五步之内，我拼了命，也要溅你一身鲜血。"也就是说，他对秦王以死相逼。

秦王的侍卫看到秦王受到威胁，忙拔出刀来，要杀蔺相如。蔺相如瞪起眼睛，大声喝住他们，吓得侍卫不由向后倒退。秦王心里很不高兴，只好勉强地在盆缶上"当"地敲了一声。蔺相如回头叫赵国的御史也把这件事情记下来：某年某月某日，赵王和秦王在渑池会宴，赵王命令秦王敲盆缶助兴。

秦国的大臣见秦王没有占到便宜，就说："今天相会不易，请赵王献出十五座城替秦王祝福！"

蔺相如也不示弱，说："既然赵王献城替秦王祝福，那么也请秦王把国都咸阳献出替赵王祝福！"

一直到酒宴结

束，蔺相如为了维护国家尊严，机智而勇敢地和秦国的君臣周旋。秦国始终没有在气势上把赵国压倒。当时秦国也知道赵国的大将廉颇正率兵驻扎在国境上，便不敢贸然动武。在这以后，秦、赵间暂停了战争。

(四) 负荆请罪

渑池会后，赵王载誉而归。之后论功行赏，赵王认为蔺相如的功劳最大，便封他为上卿。地位在廉颇之上。廉颇对蔺相如封为上卿心怀不满，怒气冲冲地说："我是赵国的大将，有攻城拔寨的大功劳，而蔺相如光凭一张嘴，地位却比我高，我不甘心。要是碰到蔺相如，我一定要给他点儿难堪！"

蔺相如知道这件事情后，并不想与廉颇争个高低，而是采取了忍让的态度。为了不使廉颇在临朝时列在自己之下，每

次早朝，他总是称病不到。有时，蔺相如乘车出门，远远望见廉颇迎面而来，就索性引车回避。他手下的人对此非常不理解，便对蔺相如说："我们之所以愿意离开家乡，投到您的门下，是因为钦佩您的光明磊落。现在廉颇对您恶语相加，您却只知道躲避忍让，连我们做下人的都感到耻辱，更何况您身为上卿，又何苦害怕他呢？"于是，大伙纷纷要求辞去差使。蔺相如对于周围人们的责怪，并不计较。他问大家："你们说，廉将军的威势能比得上秦王吗？"大家说："比不上。"蔺相如又说：既然廉将军不如秦王，而秦王我都不害怕，难道我会害怕廉将军吗？"接着，他以亲赴秦国的经历，说明自己不是恐惧廉颇，而是将国家危难放在首位，还向手下的人说明了不应该太计较个人得失的道理。他语重心长地说："我想，强大的秦国之所以不敢侵犯我们赵国，就是因为赵国有廉将军和我，如果我和廉将军两个人起了冲突，不管谁胜谁败，对赵国都没有好处。秦国说不定会趁机进攻赵国，那时国家可就危险了。我之所以对廉将军忍辱让步，就是先考虑到国家的安全，把私人的恩怨放在一边。"这一番话，说得大家信服口服，更加佩服他了。

蔺相如对手下人说的一番话，很快就传到廉颇那里。廉颇听了很惭愧。就解下上衣，赤着背，背着荆条（古代背着荆条去请罪，表示向对方认错，请对方责罚），含着泪，叫一个宾客领路到蔺相如府上去请罪。

廉颇一见到蔺相如就跪倒在地上，勇敢地承认错误说："我是个没有见识的人，不知道你把国家看得这样重，把个人的私事看得那么轻。我以前对你很不恭敬，你却这样宽恕我，我实在太对不起你了！"

蔺相如赶忙上前把廉颇扶起来，说："我们都是国家的大臣，最紧要的是保

卫国家的安全，私人间的一些恩怨又算得了什么？"

从此，二人消除隔阂，一心为国，并结成同生共死的至交。廉颇这种勇于改错、刚正直率、坦白无私、顾全大局的行为，也成为后人广为流传的美谈。

廉颇和蔺相如的故事，内容生动，多年来一直为人们传诵喜爱，并且把它编成戏剧，在舞台上演出。现在京剧里很有名的《将相和》这出戏，就是以这个故事为蓝本的。

鄗城战役
（五）

后来，秦赵两国之间又发生了战争，这就是著名的长平（今山西高平市长平村）之战。赵王听信了秦国奸细的话，罢免了廉颇的职位，改派只知道夸夸其谈，没有实际才能的赵括为将。赵括就职后，一改廉颇的部署，贸然出击，终于招致了悲剧。

　　长平之战，赵国损失惨重，元气大伤。六年后，燕国大举攻赵。在危难之时，赵王重新起用廉颇。当时燕国当政的燕王喜，是一个好大喜功的人。公元前256年，燕王喜乘赵国危难之机，派兵南下，攻取了赵国的昌壮（今河北冀县西北）。这次得手，更加助长了其进一步攻赵的野心。五年后，燕王喜在积极备战的同时，派丞相出使赵国，表面上装出与赵国通好的样子，暗地里却千方百计地探听赵国的虚实、动向。燕国宰相回国后，对燕王说："赵国的将士大部分都在长平之战中死去了，现在我们可以对赵国发动战争了。"燕王听了后，征求其他大臣的意见，大臣们认为：赵国四周都邻强敌，长期以来四面拒战，国民尚武善战，燕国不可与之作战。燕王不以为然。他认为：赵国新败，国力大损，燕与赵相比，拥有绝对优势。

燕王喜派出攻赵的军队分兵三路：一路由栗腹率领，南下进攻鄗城（今河北省高邑县东）；一路由卿秦率领，西攻代地（今河北省蔚县东北）；一路由燕王喜亲自率领，进攻宋子（今河北赵县东北），辅助栗腹的进攻。

面对燕军的突然进犯，战争创伤尚未恢复的赵国军民决心奋起抵御。赵王遂命廉颇率军二十五万，迎击燕军。廉颇将全军分为两路：一路直趋代地，抗击西路燕军；一路亲自率领，迎战燕军主力于鄗城。廉颇指挥为保卫乡土而同仇敌忾的赵军，采取集中兵力打敌正面的战法，首战告捷，挫败敌军，打去了敌人的嚣张气焰。接着，他率领赵军大败燕军主力，燕王喜闻讯仓皇收兵北逃。鄗城之战胜利后，两路赵军合兵进攻代地，再次大败燕军，俘获燕军西路主帅，侵赵燕军随着主力和两路统帅的丧失，全线溃退。廉颇命赵军乘胜追击，长驱五百里，进围燕

国都城蓟 (今北京)。燕王喜眼看燕国危在旦夕,只好答应赵国提出的割让五城的要求, 向赵国求和。

反击燕军的胜利, 使廉颇在赵国的政治地位和声望更高了。此后, 他驰骋沙场, 大败魏军, 使赵国军事形势又有新的发展。公元前245年, 赵孝成王去世, 他的儿子赵悼襄王继位。赵悼襄王也听信了秦国奸细的离间, 罢免了廉颇的职位。当时, 廉颇正在前线督军奋战, 消息传来, 他心怀不平, 一气之下, 离开赵国, 南奔魏国大梁 (今河南开封)。廉颇离开赵国之后, 赵国多次遭秦军进攻。危难之中, 赵王便想到让廉颇回国, 而廉颇也有意回到赵国。但是, 在奸臣郭开的破坏下, 廉颇终于有国难回, 有家难归。最后, 廉颇南入楚国, 含愤死于寿春 (今安徽寿县)。随着廉颇、蔺相如相继在政治舞台上谢幕, 公元前222年, 赵国终于被秦国所灭。

三、西楚霸王项羽

（一）青少年时代的项羽

"西楚霸王"项羽是人们熟悉的历史名将，是在灭秦战争中名声赫赫的农民起义领袖。公元前232年，项羽生于楚国一个将门世家，他的父亲是楚国大将项燕。

项燕死于秦将王翦之手时，项羽才10岁。楚国灭亡之后，项羽和他叔父项梁相

依为命，流亡到江南。

项羽少年时初学写字，没多久就半途而废了；后来又学习剑术，还是没有学好。他的叔父很生气。项羽却对叔父说："学写字只不过记记姓名而已；学剑术也只能抵挡一个人。这些东西不值得学，要学就学那种能够抵挡上万人的真本领。"于是，项梁便教他学兵法。项羽非常高兴，但他学起来也只是粗心大意，从来不肯深入钻研下去。项羽长大以后，身材高大，体格魁梧，能把大鼎举起来，气魄、才干都出类拔萃。后来，项梁杀了人，便带着项羽逃到吴中（今江苏苏州）去避难。在吴中，他们结识了当地的许多豪杰，这些人都很敬畏项羽。就在这时候，秦始皇东巡，路过钱塘江边，项羽情不自禁地说出了要取代秦始皇，自己当皇帝的话。不久，秦始皇病死，他的小儿子胡亥登基当上了皇帝，即秦二世。秦二世十分昏庸，大权落到宦官赵高手里，统治十分黑暗。秦朝的残暴统治，激化了阶级矛盾，六国贵族的残余势力也在等待时机，准备东山再起。秦王朝的政权已经岌岌可危，一场农民起义正应该适时爆发。年轻的项羽正是在这疾风暴雨中登上了历史舞台。

(二) 反秦起义

公元前209年9月，项羽随项梁在吴中起义。当时，会稽郡守殷通见秦政权摇摇欲坠，自己地位难保，就想让项梁和桓楚统率军队，乘机起兵。他把这一想法告知项梁，项梁推说桓楚逃亡在外，只有项羽知道他的下落，便去找项羽商议对策，项梁让项羽手持宝剑，在外边等候。安排好以后，项梁回来对殷通说："还是让项羽进来吧，叫他去找桓楚。"殷通答应了。进来不久，项羽对项梁使了个眼色说："可以动手了！"话音未落，项梁就拔出宝剑，

杀了殷通。

项梁提着殷通的人头，佩挂上会稽郡守的大印，大摇大摆地走出来。郡守府里一下子乱了起来，项羽手持宝剑，杀了几十个人，其他的人都吓得伏在地上，不敢起来。这时，项梁便召集他结识的豪杰和官吏，告诉他们自己准备起兵，并派人到附近去招集人马，很快就征集了八千精兵。项梁自己当了会稽郡守，项羽做了裨将，正式起兵反秦。

项梁带领八千精兵，渡过长江，向西进发。沿途招收人马，扩充力量，项梁军迅速壮大。年轻的将领项羽所率领的六七万人，成为这支部队的主力。

项梁在薛地（今山东藤县东南）召集各路起义军将领，研究继续反秦的部署。刘邦这时也来归附项梁。项梁又给了他五千士卒、十名将领，壮大了刘邦的队伍。项梁在薛地重整了起义军，并采纳了谋士范增的建议，把在民间放羊的原楚怀王的孙子熊心立为楚王, 仍称为楚怀王, 建都盱眙 (今江苏淮安市盱眙县) 。项梁自称为武信君, 主持军事。

在薛地进行整顿之后, 项梁领兵打败了东阿 (今山东阳谷县) 秦军, 并且跟踪追击到定陶 (山东省定陶) 。同时, 项羽与刘邦也先后领兵在城阳 (今山东省菏泽) 以东, 大败秦军。接着, 项羽西至雍丘 (今河南杞县) 把秦军打得落花流水, 并杀死了三川郡守李由, 然后乘胜回师东北, 攻打外黄 (今河南杞县东北) 。

就在这时候, 传来了项梁牺牲的消息。原来, 随着起义军的节节胜利, 项梁越来越骄傲轻敌, 防卫松懈, 遭秦章邯军夜袭, 战死于定陶, 起义军受到了重大损失。项梁战死以后, 起义军士气低落, 项羽、刘邦等人便率领军队向东转移。面对得胜的秦军, 起义军只好等待时机, 以便扭转战局, 夺取胜利。

（三）破釜沉舟

公元前207年，秦国的三十万人马包围了赵国的巨鹿（今河北省平乡县），赵王连夜向楚怀王求救。楚怀王派宋义为上将军，项羽为次将，带领二十万人马去救赵国。谁知宋义听说秦军势力强大，走到半路就停了下来，不再前进。军中没有粮食，士兵用蔬菜和杂豆煮了当饭吃，他也不管，只顾自己举行宴会，大吃大喝。这一下可把项羽的肺气炸了，他杀了宋义，自己带着部队去救赵国。

项羽先派出一支部队，切断了秦军运粮的道路；他亲自率领主力过漳河，解救巨鹿。楚军全部渡过漳河以后，项羽让士兵们饱饱地吃了一顿饭，每人再带三天的干粮，然后传下命令：把渡河的船（古代称舟）凿穿沉入河里，把做饭用的锅（古代称釜）砸个粉碎。这也就是著名的"破釜沉舟"。项羽用这办法来表示他有进无退、一定要夺取胜利的决心。

楚军士兵见主帅的决心这么大，自己的退路也没了，只能以一当十，以十当百，拼死地向秦军冲杀过去，经过连续九次冲锋，终于大败秦军。秦军的几个主将，有的被杀，有的当了俘虏，有的投了降。这一仗不但解了巨鹿之围，而且让秦军一蹶不振。不久，秦就灭亡了。

从这以后，项羽当上了真正的上将军，其他许多支军队都归他统帅和指挥，他的威名传遍了天下。

（四）垓下之战

公元前206年，刘邦灭秦后在关中称"汉王"。不久，项羽入咸阳自立为"西楚霸王"。项羽与刘邦争夺天下的楚汉战争从此拉开了序幕。经多年鏖战，公元前202年，项羽东撤，刘邦看到灭楚的时机已经到来，于是发兵追击项羽。在固陵

(今河南淮阳) 追上了楚军。

项羽是旷古少有的勇将，在败退的途中仍斗志不减。他趁刘邦的三路军队步调不一的机会勇敢反击，大败汉军。但固陵之战的胜利并没有扭转楚军在战略上的败局。刘邦调来韩信、彭越协力攻楚，迫使项羽率军退至垓下。

垓下是淮北平原上一个崛起的高岗，十万楚军被团团围困在这座高岗上，食物已经告罄，一筹莫展。那正是寒风凛冽的严冬季节，忧心忡忡的项羽夜不能寐。汉军在四面唱起了楚歌，歌声随着寒风传到楚营，楚兵听到乡音都涕泣思归，不愿再战。项羽闻歌也惊诧不已：难道汉军已把楚国占领了？为什么有这么多人歌唱楚歌呢？于是，项羽决定乘夜突围。他飞身跨上马，率领八百名精兵向南奔去。第二天黎明，刘邦才发现项羽已经突围，便命手下疾速追杀项羽。当项羽渡过淮河时，所带骑兵只剩下百余人。后因迷路，被汉军追及，又奋战一阵，甩掉追兵，来到东城。这时，他身边只剩下二十八人了，而汉军数千追兵马上就要尾随而至。

经过激烈拼杀，项羽策马来到乌江边，乌江亭长拢船靠岸，请他过江。项羽惭愧地说："天要亡我，我又何必渡江呢？当初我与江东八千子弟渡江西征，现在却无一生还，纵使江东父老可怜我而尊我为王，我还有何脸面见他们呢？"项羽面对滔滔大江，知道大势犹如流水，无可挽回，遂横剑自刎而死。

项羽死得英勇悲壮。南宋女词人李清照写道："生当为人杰，死亦为鬼雄。至今思项羽，不肯过江东。"

项羽虽败，他那非凡的英雄气概和杰出的军事指挥才能，以及在秦末农民战争中建立的历史功绩，都将永远彪炳于中国军事史册。

四、汉朝名将飞将军李广

(一) 李广青少年时期

李广，陇西成纪 (今甘肃通渭东) 人，约生于汉初高后七年 (前181年) 前后。李广是秦将李信的后裔，李信曾参加过秦王嬴政 (即秦始皇) 统一中国的战争。李广作为将门之后，从小就喜欢骑马射箭，练就了一身能骑善射的好功夫。

公元前166年，匈奴单于率兵大举进

攻西汉，在匈奴大举进攻之前，李广投身戎伍，成为年轻的汉朝骑兵中的一名出色战士。当匈奴进攻萧关时，他参加了同匈奴的战斗，并射杀了不少匈奴骑兵。为此，汉文帝非常赏识他，封他为郎。这时的李广只有20岁。

郎就是皇帝的侍从，李广做了郎以后，便来到长安，平时在宫中守卫和值夜，皇帝外出时就骑着马随行，负责保卫皇帝安全。有时还要跟随皇帝去打猎，或者参加征战。不久，李广又被提升为武骑常侍（皇帝的侍从官）。

由于匈奴屡次南下骚扰，汉文帝后期很想改变对匈奴一味忍让的局面。他经常身穿戎装，骑着战马，驰马射猎，并讲习兵法，操练战阵。

李广身材魁伟，两臂修长，有良好的身体素质和骑射本领，是汉文帝侍从中的佼佼者。他不仅勇于冲锋陷阵，冒险御敌，而且还多次舍生忘死地同猛兽格斗，表现出超人的勇气和胆略。汉文帝更加看中他了。

汉文帝晚年曾经十分感慨地对李广说："可惜你生不逢时，要是你生在汉高祖的时候，做个万户侯也不为过呀！"

（二）"飞将军"

李广一生活跃于抗击匈奴的战场上。他经常主动出击，袭击匈奴，行动神速，勇猛无比。李广有胆有谋，善于攻打近敌，且箭法奇准，每射必中。由于李广经常轻骑近战，因而也常常被敌人围困。尽管如此，凭借李广的聪明才智总能使自己化险为夷。汉武帝时，李广被封为郎中令。汉武帝派他率骑兵四千攻击

匈奴，另派遣张骞率骑兵万人随后跟进。不料，张骞出塞后走错了路，导致李广孤立无援，被匈奴左贤王的四万骑兵团团围住。敌人要比汉朝的军队多十倍，士兵们惊慌不安。李广为了安定军心，首先派他的儿子李敢率数十骑兵冒死去冲击匈奴军队，李敢回来报告说："匈奴兵非常好对付。"这才使军心稳定下来，鼎立防守。不久，匈奴四面进攻，箭如雨下，汉军寡不敌众，死亡过半。李广临危不惧，从容指挥，他用威力很大的弩连射数名敌人大将。匈奴连失数名大将，军心动摇，撤走了一部分围军。第二天，李广又率领残兵与敌死战，一直坚持到张骞的援军到来，匈奴败退，汉军终于摆脱困境。

公元前129年，汉武帝派李广率军出雁门攻击匈奴。因匈奴人多势众，李广兵败被俘。当时李广正患有重病，被俘后，匈奴把他放在绳网上，让两匹马一左一右扯着拉回了营地。李广假装死去，眼睛却偷偷地寻找逃脱机会。走了十几里后，李广发现有个骑着一匹好马的匈奴小孩走到身旁。他见时机来了，猛地腾身而起，跃上小孩的马，夺下弓箭，策马狂奔。匈奴兵从惊呆中醒悟，立即派出数百骑兵追捕。李广利用那张夺下来弓箭，连连射杀追敌，终于脱身归营。由于李广善于骑射，后来匈奴就赞誉他为"飞将军"，不敢轻易和他作战。

但是，就是因为此次战役的失败，李广被免去官职，降为平民。

（三）流芳千古的神射手

李广被免官之后，迁到蓝田南山（今陕西蓝田东南）居住。那里山清水秀，是汉朝官吏退隐后进行打猎的地方。李广习惯了戎马生涯，隐居之后偶尔打打猎，倒也逍遥自在。

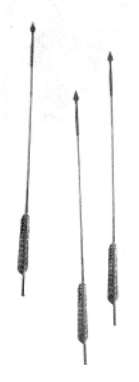

但是由于匈奴不断来犯，汉武帝又重新起用了李广。在他驻守右北平郡 (今河北省东部) 的几年中，此地时常有猛虎出没。李广一向喜欢打猎，以前在各郡担任太守时，只要听说哪里有老虎，他总要亲自赶去射杀。即使不时被猛虎扑伤，也毫不退缩。

有一次，李广和几个随从到深山老林中去打虎。当他转到一个山包时，突然发现，在山脚下的草丛里，正蹲着一只猛虎，仿佛正要向他扑来。李广赶忙弯弓搭箭，嗖地一声向猛虎射去。李广的随从们提刀拿棒，走到跟前一看，哪里是什么猛虎，原来是一块大石头。再看那支箭，已经射进石头，拔都拔不出来。

后来李广又照样连射几箭，只见石头上迸出火花，箭也应声落地。即使用尽全身力气，也无法再射进石头中。可是，李广作为神射手的美名，却从此流传得更加广了。

公元前119年春天，汉武帝派大将卫青和骠骑将军霍去病各率五万精锐骑兵，加上自愿从征的四万人以及步兵和运输兵，约数十万人马，浩浩荡荡地向北进发。事前，李广已得到消息，便多次向汉武帝请战。但汉武帝认为李广年事已高，不想让他参战。后来，经过几番周折，汉武帝见他求战心切，才任命他为前将军，跟随卫青出征。

这时，匈奴单于也了解到汉军的动向，并把辎重继续向北转移，把主力集中在漠北，严阵以待。卫青出定襄 (今山西太原以北) 后，从匈奴俘虏那里探明了匈奴单于的驻地，便决定亲自率领精兵直捣匈奴大本营。他让李广改走东路，担任策

应，去进攻匈奴单于左翼。

但是，东路路途迂回遥远，很难跟卫青同时到达作战地点，再加上李广求胜心切，好不容易争到个前将军，自然一心想要打头阵。所以，李广请求收回成命。他对卫青说："我本来就是前将军，应该作前锋，可现在你却让我改走东路；并且，我年轻时就已经开始跟匈奴交战，这次好不容易才跟匈奴单于相遇，我一定要担任前锋，跟匈奴单于决一死战！"

卫青没有答应李广的要求。原来汉武帝早已授意卫青，说李广运气不好，如果让他跟匈奴单于正面交锋，难免会失败。同时，卫青之所以调开李广还同公孙敖有关。

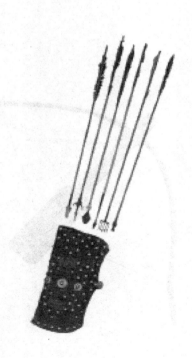

公孙敖是卫青的朋友，曾经搭救过卫青，使他免于一死。以后，公孙敖多次跟随卫青出征，但是，因为在一次战役中战败，公孙敖被免职了。免职后的公孙敖在卫青帐下，所以，卫青想让公孙敖跟自己一起去同匈奴单于交战，以便让他再立战功。

李广知道内情之后，更不想放弃战机。卫青有汉武帝做后盾，当然也不肯改变主张。于是，卫青下了一道公文，要李广执行命令。李广碍于军令，只好愤愤不平地率领部队，经东路向北进发。

跟东路相比，卫青一路路程要近一些，同时沿途的状况并不适合大军停留。所以卫青一鼓作气，向北挺进一千多里，很快跨过大沙漠。他发现匈奴单于早有准备，并已摆好阵势等待交战，便命令把战车连接环绕起来，扎下营寨，同时派出五千骑兵，发出攻击。匈奴单于也立即派出一万骑兵迎战。

这时，已经快到黄昏，狂风大作，飞沙走石，两军对面不见人。经过一番交战，汉军分左右两翼，向匈奴单于包抄过来。匈奴单于见汉军兵强马壮，来势汹汹，便带着精壮骑兵数百名，向西北突围而去。

由于天黑，两军对垒时，卫青还不知道匈奴单于已经突围。后来，从匈奴的俘虏的口中知道这件事情，卫青直追二百多里，追到天亮也没能见到匈奴单于。停留了一天之后，卫青就凯旋了。

霍去病以及李广的儿子李敢也在此次战役中立下了战功。但是，李广的东路军因为没有向导，迷失了道路，延误了与卫青会师的时间，没有赶上同匈奴单于的交战。直到卫青回到大沙漠以南才与卫青相遇。

此时的李广的心情可想而知。他参见过卫青，便回到自己的部队中。卫青特意派他的部下给李广送去酒食，并且询问李广迷失道路的详细情况，准备把事情的经过报告给汉武帝。李广没有回答，卫青的部下便把矛头指向了李广的部下，李广很生气地说："我手下的人没有罪，是我自己迷了路。我现在就亲自到大将军的那里去受审！"

　　李广来到卫青面前说："我和匈奴打了一辈子仗，参加了七十多场战斗，这次战役本来能够和匈奴兵直接交战，可将军又把我调到东路，我又迷了路。这难道是老天爷的安排吗？我已经快60岁的人了，总不能再接受刑狱官的审问吧！"说完，李广拔出宝剑，自刎而死。

　　李广悲愤自杀的消息传开以后，全军上下，人人痛哭；百姓听说以后，个个落泪。这种充分说明了人们对李广的信任和怀念以及对他的缅怀。

　　总的来说，李广称得上一代名将。他少年从军，一生风餐露宿，驰骋沙场，战场上身先士卒，深得将士们的拥戴。

五、抗匈奴英雄
冠军侯霍去病

（一）青少年时期

霍去病是汉武帝时期大将军卫青的外甥，霍去病的母亲和舅舅卫青一家人原来都是汉武帝的姐姐平阳公主家中的奴隶。后来霍去病的姨母卫子夫进了皇宫，成了皇后，舅舅卫青也受到重视，霍去病一家才摆脱了奴隶的身份，走进了汉武帝的视野中。

霍去病英俊骁勇，胆识过人。从年幼时代起，霍去病就努力学习骑马、射箭和击刺等武艺。艰苦的奴隶生活，多年来的勤学苦练，使他成为一个性格坚毅、体格强壮、武艺出众的青年。

汉军反击匈奴的消息，特别是舅舅卫青统率大军大败敌军的消息，不断传到长安。年轻的霍去病，心里一直不能平静。他多次请求汉武帝让他随军出征，但是他年纪太小，怎么能上战场领兵杀敌呢？

公元前124年秋末，匈奴骑兵侵入代郡，俘虏了一千多人口，杀死了郡尉朱英。为了打击匈奴人的气焰，第二年春天，汉武帝就命令大将军卫青在定襄，组织了一场大规模的反击战。

这次战争，由六位将军分统大军分路出发。他们是中将军公孙敖、左将军公孙贺、右将军苏建、前将军赵信、后将军李广和强弩将军李沮。在交战之前，霍去病向汉武帝提出要求，请求参战。为了让霍去病在战斗中锻炼成长，汉武帝答应了他的请求，并特地命令卫青挑选八百名骁勇矫捷的骑兵，归霍去病指挥，还授予他骠姚校尉的军职。"骠姚"意为勇敢敏捷。

霍去病兴冲冲地带领八百骑兵，随着舅舅卫青来到定襄。卫青本来打算让霍去病和他率领的骑兵留在大营中，作为后备部队，不让他冒着风险远出作战。但是霍去病主动请战，苦苦哀求，最后卫青只得答应他率领八百名骑兵单独行动。

临行前，卫青再三叮嘱霍去病不要走得太远，见到大队匈奴骑兵就马上回来。可他并没有听从舅舅的话，带着八百骑兵一路狂奔，很希望能够遇上匈奴骑兵，好痛痛快快地打一场。

一整天过去了，各路大军都回来了，只有霍去病带领八百人在外未归，卫青很担心自己的外甥，坐立不安，生怕霍去病出了什么意外。

这时，营门外忽然传来了卫士们的欢呼声："骠姚校尉回来了！"

卫青非常高兴，赶快跑到营门外一看。只见骑在马上的霍去病，右手提着一颗血淋淋的人头，正在朝大营疾驰而来。

八百骑兵紧跟其后，还押着两个匈奴贵族模样的俘虏。

卫青这才放了心，急切地探问霍去病这次战斗的经过。原来出发的那天早晨，霍去病他们一直往北奔驰而去。开始时草原上静悄悄的，看不到一个人影。

肚子饿了，他们就吃一点随身带来的干粮。他们越走越远，离开大营已经好几百里路了。

天逐渐黑下来了，天气还是那么寒冷，水壶里的水都结成了冰块。他们还是坚持着，谁也不愿掉转马头往回走，而是倔强地前进，再前进！

他们在马上度过了一夜。当天空放亮的时候，才看到前面隐隐约约地出现一个圆顶，这就是匈奴人所搭建的帐篷。

霍去病下令大家停止前进。接着把八百人分成几队包抄匈奴的帐篷，霍去病大喊一声，带头朝一座最大的帐篷猛冲过去。

此时帐篷中的匈奴人酣睡正香，一点防备也没有，等他们发觉的时候，汉朝勇士已经进了帐篷。霍去病指挥士兵活捉了两个匈奴贵族，并砍掉了匈奴单于叔祖父的头。之后带领八百骑兵，马不停蹄地返回大营。

总的来说，汉军这次出师胜负相当。但霍去病统帅的八百骑兵，首战告捷，一举踏破敌营，取得了辉煌的战果。霍去病第一次出征就崭露头角，充分发挥了战斗才能。

大军班师回到都城长安。汉武帝亲自接见卫青和霍去病。汉武帝把霍去病叫到面前，摸着他的后背，高兴地说："初生牛犊不怕虎。你小小年纪，打起仗来却这样英勇。朕一定好好奖赏你。你一往无前，勇冠三军，朕封你为冠军侯吧！"现在的体育比赛中，得第一名的称为"冠军"，就是从霍去病的封号发展而来的。此时的霍去病只有18岁。

（二）河西战役

公元前123年以后，汉朝为了应付战争的新形势，采取了新的战略，出兵直向占据"河西走廊"的匈奴各部落进攻。"河西走廊"是内地通往西域的交通要道。匈奴强大以后，构成了对汉朝的严重威胁，也隔断了汉朝和西域各国的联系。为了瓦解这种威胁，汉武帝决定发动一场河西战斗，把这个地区拿下来。

汉武帝知道要完成这个任务，既要有精锐的骑兵，还要有一个坚强果断、机智勇敢的统帅。汉武帝经过再三考虑，最后选中了年轻有为的霍去病。

公元前121年春天，只有20岁的霍去病，被任命为骠骑将军，率领一万精兵，从陇西出发，直插匈奴控制的"河西走廊"。大军所到之处，势如破竹。仅仅六天就把匈奴的五个部落打得落花流水，差点把单于的王子也活捉了。

匈奴军队看到汉军来势汹汹，连忙调集兵马，霍去病摆出准备乘胜发动正面攻击的架势，但临时兵锋一转，避过敌人严密设防的地带，杀向匈奴卢侯王和折兰王的驻地。两位匈奴王匆忙组织人马还击。汉军突然到来，并直插敌人后方，对敌人是个打击。但是，汉军经过长途跋涉，将士和战马都非常疲惫，因此，同匈奴部队激战一阵后，就开始支撑不住了。

此时，霍去病大吼一声，举起宝剑，纵马带头杀向敌营。士兵看到主帅亲自带头冲锋陷阵，精神一下子振奋起来。忘记了疲惫和伤痛，跟着统帅奋不顾身地向敌人冲过去。喊杀声震动整个原野。匈奴兵经不起这样猛烈的冲击，他们绝望地呼叫着，纷纷跌落马下。这是一场漂亮的歼灭战，直杀得敌人尸横遍野，血流成河。在这场战斗中，一共斩杀敌军近九千

人，匈奴的卢侯王和折兰王当场被击毙，浑邪王的王子和匈奴的相国、都尉当了俘虏。战士们还缴获了大批物资和牛马。

第一次的河西战役，就这样取得了胜利。胜利的消息传到长安。汉武帝特地下达诏令，对霍去病和他的部属进行嘉奖。

为了继续歼灭匈奴在河西地区的势力，完全控制"河西走廊"，在第一次河西之战后不久，汉朝又发动了第二次河西战役。这次战争的部属是：西路由霍去病和公孙敖各率几万骑兵，从北地（今甘肃省庆阳西北）出发，攻击匈奴的右贤王。为了策应西路，由张骞和李广率军从右北平（今河北省东部）出发，攻击匈奴的左贤王。

张骞和李广出发后，李广的四千骑兵受到左贤王大军的团团围困，激战两天，损失了不少人马。张骞率领一万骑兵赶到，两军合力奋战，匈奴才引兵退去。

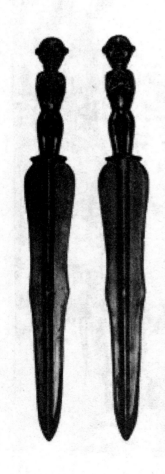

东路的战争没有打好，给西路进攻带来一定的困难，但是霍去病还是率军按原计划挺进。他叫公孙敖带领人马，沿焉支山北边，作正面的进攻。他自己则率军朝"河西走廊"北面，深入两千多里，直抵居延海（今内蒙古阿拉善盟境内），计划跟公孙敖的军队两路夹击，全歼浑邪王和休屠王的主力。可惜公孙敖在进军中迷了路，不能按预定计划跟霍去病会和。这样，霍去病就遇到了更大困难。但是摆在面前的困难，并没有影响这位青年将军的坚强意志。这次深入敌后的进军，使他在军事上更加成熟了，战斗经验也更加丰富了。经过一次又一次战斗，霍去病的军队一直达到小月氏（今祁连山以北地区）的边境。在各次战斗中，一共杀死敌人三万多，俘获匈奴的王子、相国、将军、当户和都尉等一百多人，连单于的阏氏（匈奴对王后的称呼）也成了俘虏。匈奴的单桓王和酋涂王在被打败后，率领两千五百人投降了汉军。

霍去病率领的远征军，经过艰苦的战斗，虽然也损失了十分之三，但总的来说，是以较小的代价，换取了巨大的胜利。从此，霍去病的威名远扬四方。在朝廷上，年仅20岁的霍去病已经是一位举足轻重的人物，可以同他的舅舅大将军卫青并驾齐驱。

（三）河西受降

河西战役之后，匈奴单于恼羞成怒，认为浑邪王和休屠王作战不力，才被霍去病打得落花流水，失掉河西这块宝地。把怒气一股脑发泄到他们身上，便派使者叫他们前去受罚。

浑邪王和休屠王祸不单行，刚刚吃了败仗，又要接受处罚。他们想：这次即使不被单于杀死，以后的日子也不好过。要抵御强大的汉军，等于以卵击石。目前唯一的出路，就是向汉朝投降。浑邪王和休屠王商量停当，便派使者到汉朝那里请降。这时正巧汉朝将军李息领兵在陇西黄河沿岸修筑城堡，他接待了浑邪王的使者，便马上报告汉武帝。但武帝觉得匈奴的情况很复杂，恐怕浑邪王要求投降有诈，于是派霍去病带着兵去接受浑邪王和休屠王的投降。这个受降的任务，担的风险不见得比冲锋陷阵的作战任务小。情况容易发生变化，随时有被袭击暗害的

可能。霍去病到达河西之前，休屠王就突
然反悔，不想投降汉朝了。浑邪王情急之
下，便刺杀了休屠王，收编了休屠王的军
队。等到霍去病率精锐骑兵一万多人渡过
黄河，浑邪王的部队已列阵等候。双方阵
营遥遥相望，步步紧逼，情况很是紧张。
浑邪王的部下看到汉军阵容强盛，便有
许多本来不是诚心愿投降的人，暗中煽
动，纷纷逃走。浑邪王的阵营马上骚动起
来，霍去病知道情况后，当机立断，带了
部分军队，飞马驰入浑邪王阵中。他一手

握剑，一手抓住了浑邪王。汉军将士乘势冲过来，杀死了正在逃跑和企图反抗的八千多人。为了防止再有意外发生，霍去病立即派人护送浑邪王乘上马车，先到长安去见汉武帝。接着，亲自率领全部匈奴部众，渡河来到河东地区。

一场惊险的受降战斗，就在霍去病的指挥下，顺利地结束了。汉武帝大为振奋。他下令调集两千辆马车，迎接浑邪王和他的部众。并在长安举行了一次隆重的庆功大会，设宴款待大批归降的匈奴将士。接着，朝廷选择部分匈奴归降士兵参加边塞的防守，而把留下来的匈奴人，分别安置在陇西、北地、上郡、朔方、云中等五郡的边塞地区，号称"五属国"，直接接受各郡地方官的监护。定居下来的这些匈奴人，准许保持他们自己的风俗习惯。从此，他们就同汉族人民和平相处。

匈奴受到汉军的几次打击，浑邪王又率众归顺了汉朝，军事力量大大削弱，

不得不退到遥远的大沙漠以北地区。

烽火连天、动荡不安的河西地区，逐渐成为和平安定、生产发展的农牧区。汉朝先后在这里建立了酒泉、武威、张掖、敦煌等四个郡，总称"河西四郡"。河西四郡正式归入西汉的版图。从此，汉朝和西域各国的道路，完全畅通了。

（四）英年早逝

霍去病在反击匈奴的战争中，充分发挥了他的军事才能，作出了重大贡献。就在河西战役取得胜利之后，汉武帝特地在长安为他建造了一座宏伟豪华的住宅，请他前往观看，霍去病谢绝说："匈奴未灭，何以家为。"这两句豪言壮语，是霍去病一生戎马生涯的写照，一直受到后世的传诵。

令人痛惜的是，公元前117年，霍去病因病逝世，这一年他只有24岁。对于这一位青年将领的逝世，全国老百姓感到无比的悲痛。为了表达对霍去病怀念之情，纪念他生前的卓越功勋，汉武帝在自己的坟墓旁，替霍去病建造了一座规模宏伟的坟墓，形状像巍峨的祁连山，象征霍去病的形象就像祁连山一样高大。坟墓四周还排列着经过精工雕刻的石像群。

在霍去病安葬当天，老百姓络绎不

绝地前来参加葬礼。汉武帝还动员过去受霍去病招降归汉的匈奴将士，都身穿黑色的盔甲，排成长长的队伍，从长安城一直排到霍去病坟前，作为送葬的仪仗队。

两千多年来，雄伟的霍去病墓和留下来的部分石像，一直屹立在陕西兴平县境内，受到后世瞻仰。"霍去病"这个名字，也成为抗敌卫国、英勇智慧的将领的代名词。

六、英武睿智的
三国名将周瑜

(一) 青少年时期

周瑜, 字公瑾, 庐江舒县 (今安徽舒城) 人, 是三国时期一位著名的军事家。他于公元前175年出生在一个很有势力的官僚地主家庭中, 他的叔祖父周景父子曾经是东汉的太尉, 父亲周异是洛阳县令, 后来被董卓所害。孙坚起兵讨伐董卓时, 周瑜从洛阳迁居到舒。他从小勤奋好学,

除了掌握军事知识外，还具备各方面的才能。他精通音律，据说听别人弹琴的时候，只要错了一点点，他也可以听得出来。他与孙坚之子孙策同岁，私交非常好。袁术看中周瑜的才能，想请他当将军，但周瑜看到袁术残暴无能，将来成不了大器，便一心跟着孙策，成了他的左右手。周瑜只有24岁，就担任了中郎将，打过不少胜仗。他年纪轻轻，人们都叫他"周郎"。当周瑜身为中护军兼江夏太守时，攻下皖城，得到二女，一称大乔，一称小乔，是江东有名的美女。孙策娶了大乔，周瑜娶了小乔。孙策死后，他全力辅佐孙策的弟弟孙权，经过几年的征战，相继削平了江、浙、苏、皖的地方势力，成为东吴的年轻统帅。

（二）赤壁鏖战

公元前208年，曹操率领十五六万大

军,南征荆州。刘表的儿子刘琮投降了;刘备的军队被打得大败,一直退到长江南岸的樊口(今湖北省鄂城县西北)。曹操顺利占领了荆州,收降了刘表的部队,获得了大量的军用物资,接着就打算顺长江东下,乘势消灭孙权的力量。

为了恐吓东吴,曹操下战书给孙权,扬言已训练水军八十万,要与孙权会战,企图迫其投降。孙权在柴桑(今江西九江市西南)收到战书后,召集文武大臣商量对策。以张昭为代表的大部分人畏惧抗曹,主张投降;只有鲁肃坚决反对投降,力主联合刘备,抵抗曹操。刘备的使者诸葛亮向孙权精辟地分析了敌我形势,说服孙权联合抗曹。孙权虽然不甘心投降,但对抗曹也还下不了决心,为此,急召周瑜商定大计。

周瑜当时正在鄱阳(今江西波阳县)训练水军。接到了孙权的通知,他立即连夜赶回柴桑。孙权马上召见周瑜,并招

集大家商讨和战大计。在商讨过程中，周瑜冷静地分析了敌我双方的形势和战胜曹操的可能性，他说："诸位主张投降曹操，这是被曹操表面的声势迷惑住了。其实曹操并没有什么可怕。他这次出兵，有四大不利：第一，曹操的后方不稳定。马超和韩遂还割据着凉州，威胁着他的后方。第二，曹操的士兵大部分是北方人，不善于水战。他们抛弃了善于骑战的特长，却到船上来跟我们争高低，这就要吃亏。第三，目前天气逐渐寒冷，曹操远离后方，军马缺乏草料。第四，他驱赶北方的士兵，到南方江湖地带作战，士兵水土不服，一定会生病。上面这几点，都是用兵的大忌，现在曹操偏偏冒这个风险，远道来跟我们作战。要活捉曹操，正是时候！"周瑜的分析，有理有据、慷慨激昂，孙权听了非常激动，他抽出宝剑，砍去书桌一角，厉声说："谁敢再说投降，就和这桌案一样！"抗曹的大计就这样决定下来了。

为了坚定孙权的抗曹信心，当天晚上，周瑜又觐见孙权说："我考虑到主公对于曹军与我军敌多我少的状况，一定不放心，所以我特地前来，解除您的心病。曹操夸口说自己有水陆大军八十万，张昭他们没有仔细分析，因此被吓破了胆。实际上，曹操从北方带来的人马，不过十五六万，而且经过长期作战，早已疲惫不堪。至于从刘琮那里收编过来的降卒，最多不过七八万人。这批人对曹操怀有戒心，军心不稳。曹操带了疲劳的军队，指挥着心怀疑惧的降卒，人数虽多，但其实没有什么可怕的！我只要五万精兵就可以制伏他们。请主公不要顾虑！"

孙权十分高兴，拍着周瑜的肩膀说："你的话，完全符合我的心意。五万人一时难以调集，但我已选出精兵三万，战船、粮草和军械都已经准备好，你和鲁肃、程普先行，我再增调兵马，多集钱

粮，随后增援。你有把握就与曹操交战，如不顺利，则退兵与我会合，由我亲自与曹操决战。"几天以后，孙权召集文武百官，庄严地宣布：任命周瑜和程普为左、右都督，鲁肃为赞军校尉，率领三万人马，先同刘备会师，然后合力迎击曹操。

刘备派诸葛亮出使东吴后，率军从夏口退居樊口。这时，刘备和刘表长子刘琦两部共计只有两万多人，处境十分危急，日夜盼望吴军的到来。吴军到达樊口后，刘备十分高兴地对周瑜说："孙将军决定迎战曹军，真是太英明了！不知道你这次带来多少人马？"周瑜回答："一共带有三万。"刘备迟疑了一下说："曹操兵多将广，我们的兵力恐怕太少了点儿吧！"周瑜自信地说："兵在精不在多。只要我们协力同心，三万人已经足够了。你等着看我周瑜怎样击败曹军好了。"看到周瑜充满信心，刘备紧皱着的眉头也舒展了。

孙、刘联军会师后，继续沿江西上，

在赤壁（今湖北蒲圻县西北）与曹军前锋遭遇，经过一场战斗，联军获胜。曹操见初战不利，就引兵退驻长江北岸的乌林（今湖北洪湖市乌林镇），与孙、刘联军在赤壁一带隔江对峙。

不出周瑜所料，曹军初到南方，水土不服，疾病迅速扩散；加上北方士兵多半不习水性，受不了长江上风浪的颠簸，士兵的体质和士气迅速下降。为了减轻晕船，曹操令部队用铁链将战船连接起来，上面铺上木板，以减低战船的摇摆度。曹操战船用铁链连接起来的弱点，被周瑜的部将黄盖发现，他觉得这是一个可以

利用的好机会，就向周瑜献计说："敌众我寡，长期相持于我军不利，应该赶快设法破敌。现在曹操用铁索连接，战船首尾相连，不能活动，可以用火攻的办法来打败曹军。"周瑜接受了黄盖的建议。为了实施火攻，他令黄盖向曹操送去了一封诈降书。

降书说："黄盖在江东深受孙氏的厚恩，担任重要将领，对我的待遇也不薄，我本应该报效。但是，从天下大势看来，江东六郡兵力，根本无法抗拒您的百万大军，这是明眼人一看就知道的事情。只有周瑜、鲁肃自负其能，打算以卵击石，今天顺应天下大势，归降您，这是大义。周瑜统帅的军队，人数有限，不难一举击破。等到两军交锋之日，我愿作前驱，为您效劳。"曹操收到降书之后，开始有些怀疑，但对送信人进行盘查后没有看出破绽，考虑信中说得合情合理，就相信了，并与送信人约定时间和信号，让黄盖提前驾船来降。周瑜一见曹操中计，非常高兴，立即调兵遣将，做好下一步的准备工作。

老将黄盖指挥士兵在几十艘船只中，装满了用油脂浸透了的干柴和芦苇，外面围上了布幔，好好掩盖起来，船头都插了青龙牙旗。另外，还预备了一些轻快的小船，系在船尾，以便放火以后撤退。

此时，"万事俱备，只欠东风"。

公元前208年11月冬至前后的一个夜晚，东南风居然刮起来了。这东南风是怎样来的呢？据小说《三国演义》中记载，这股东南风是诸葛亮登上七星坛，向老

天爷"借"来的。原来，周瑜和诸葛亮都有丰富的天文气象知识，他们了解冬天一般都刮西北风，但在冬至前后也会有东南风出现。他们就是专等这个时刻的到来，才好向西北方向的曹军实施火攻。

机不可失，时不再来。东南风一起，周瑜立即命令黄盖按计划出动。他和刘备率领联军将士，也登上战舰，做好临战前的一切准备。只等江面上燃起大火，马上全线总攻。黄盖亲自指挥十条火船走在几十条火船的最前面。船到江心，黄盖下令船上张起帆篷。十条火船乘着东南风，就像十支脱弦的利箭，直朝曹操的连环战船射去。

曹军的战船和水寨很快映入眼帘，火船上的勇士们齐声高呼："黄盖来降啦！"曹军将士以为真的是黄盖来投降了，纷纷走到船甲板上观望。曹操见黄盖按时来降，很为得意，后见船速太快，觉得不妙，想阻止时，已经来不及了。这时黄盖命令十艘大船同时点火，然后跳上小船退走。借着猛烈的东南风，火借风势，风助火威，顷刻间，曹军的水营全都燃烧起来，一时烈火熊熊，火光冲天。曹军的战船因被铁索连着，仓促间无法拆开，全部战船很快就淹没在一片火海之中。火大风猛，又烧到了岸上的曹军营寨。曹军士气本已低落，又毫无戒备，突遭大火，顿时大乱，烧死、淹死者不计其数。周瑜指挥孙刘联军驾战船继续前进。一见大火起，立即擂鼓助威，指挥全军乘

火势猛杀过来。曹军士兵多是陆军，不习水战，又有疾病在身，哪里是联军的对手，直被联军杀得人仰船翻，欲逃无路。在弥漫的烟火之中，曹操仓皇地带着残兵败将，从陆路经华容道（今湖北潜江县西南）向江陵（今湖北荆州市）逃去。途中泥泞，不时陷入泥潭之中，人马自相践踏，病弱残兵又死掉不少，逃至江陵时，兵力伤亡已超过大半。周瑜指挥联军，水陆并进，一直追到江陵城下。曹操沮丧至极，亲自率余部退回北方去了。

　　这就是历史上有名的赤壁之战，赤壁之战是奠定三国鼎立局面的决定性战役，也是历史上一次以少胜多、以弱胜强的著名战役。在这次战役中，周瑜正确分析了形势，采取联合作战的方针，充分调动了联军将士的积极性。同时，他看清了敌军的弱点，做到以己之长，攻敌之短，制定了正确的战略战术，最后取得了辉煌的胜利。周瑜指挥这次战争的时候，还只有34岁，真不愧是一位杰出的年轻军事家。

　　可惜赤壁之战的两年后，周瑜便因病去世了。但他的英雄形象和高超的军事才能，一直受到人们的敬仰。

七、精忠报国的抗
金名将岳飞

（一）岳飞青少年时期的生活

北宋末年是一个社会动荡不安的历史时期，岳飞就是在这样一个历史时期诞生、成长并开始戎马生涯的。

崇宁二年（公元1103年）夏历二月十五日的晚上，岳飞出生在河北西路相州（今河南安阳）的一个村落中。岳飞的父亲名叫岳和，母亲姓姚。

相传，正当岳飞降生的时候，有一只大鸟在岳家的院落上空飞鸣而过，所以岳飞的父亲就为这个新生的婴儿取名叫岳飞，字鹏举。岳飞从小好学，每天父亲教他认字读书，也常给他将一些历史上的英雄故事，岳飞的记忆力很好，对《左氏春秋》《孙子兵法》《吴子兵法》等经典烂熟于心。

在体力方面，岳飞从童年开始就有超人的力量。他还没有成年的时候，就能够拉开硬弓。他有一个同乡叫周同，是一个善于远射的人，岳飞跟随他学习，很快就学会了周同百步穿杨的技艺。此外岳飞还跟随一个叫陈广的有名的枪手学习枪法，这使岳飞在使枪的技术上也成了全县的佼佼者。

但是，由于家境的贫困，读书、射箭或使枪都不能成为岳飞谋生的手段，为了能够生活，他只能依靠农业劳动。当他能掌握比较熟练的农业操作技术的时候，就来到相州安阳县的韩家做了一名庄客。

因为能够使用弓箭，擅长远射，所以岳飞到了韩家之后，除了从事农业劳动之外，还兼管保卫韩家宅院。有一次，有一百多人包围了韩家，准备抢夺财物。岳飞爬上院墙，施展他高超的射箭本领，一箭射死强盗首领，贼人四散而逃。

（二）初露锋芒

当岳飞长大成人时，国家正处于内忧外患之中。当时的北宋统治者只知道纵情享乐，政治腐朽，军事衰弱。长期生活在我国东北的女真族勃然兴起，建立了金政权。金政权逐渐强大起来，于1125年灭了辽朝，之后分兵两路进攻北宋，北宋的皇帝赵佶听到金军大举南犯的消息之后，不敢亲自负起抵抗金军的责任，一心只想逃避到一个安全地区去，于是急忙传位

给他的儿子赵桓，即宋钦宗。

1126年（靖康元年）十一月，金军攻陷了北宋的都城开封。赵桓卑躬屈膝地向金主投降，接着，金军的两个统帅通过北宋文武大臣中的叛徒，在开封城内疯狂地搜刮金银、绢帛、书籍、字画、古器等物品，并把北宋王朝皇族居住在开封的男女老幼将近三千人，一律拘押在金军营寨中。1127年4月初一，金人将北宋的两个皇帝和皇室成员以及文武官员，共三千多人押回了金。这就是历史著名的"靖康之耻"。北宋也就此灭亡。

这一年岳飞正好20岁。这个饱读兵书、谙熟武艺、身强力壮的年轻人，盼望有一天能够投身疆场，为国家报仇雪耻。因此，当招募"敢战士"的消息传来时，他毅然报名参军。就在他走上战场的前夕，深明大义的母亲，特意在他背上刺下"精忠报国"四个大字，嘱咐他一生一世都要为国家和民族的利益而奋勇杀敌，决不吝惜自己的生命。

为了求得赵姓政权不致因此而消失，1127年5月初一，宋钦宗的九弟——康王赵构在应天府（今河南商丘）即位，改年号"建炎"，建立南宋。他登基不久，就起用了在抗金斗争中立过战功的李纲为宰相，是年六月，经李纲推荐，又封宗泽为开封留守。

岳飞投军之后，几经辗转最后投靠了在宗泽的门下。宗泽非常欣赏岳飞的军事才能，经常对他委以重任，有一次，宗泽派岳飞去抵抗进犯汜水的金军。他任命岳飞为"踏白使"（即突击队长），要他带领五百名骑兵前去，并叮嘱他说："我看你是很有作战本领的人，现在是你奋勇立功的时候了，可是也不要轻率从事。"
岳飞奉命带领人马前往汜水，十分圆满地
完成了宗泽交给他的任务。

　　岳飞没有辜负宗泽的期待，宗泽也
绝不埋没岳飞的功劳，这次凯旋之后，宗
泽将岳飞任命为统领。后来又经过几次
战役，岳飞越来越受到宗泽的器重，被提
升为统制。宗泽这位老将一直认为，皇帝
应该"回銮"开封，振奋士气，抗击金兵。
但是赵构是一个贪生怕死的人，根本不
肯回去，最后，宗泽这位老将悲愤地死去
了。

　　宗泽死后，接替他的是杜充，建炎三
年(1129年)杜充派岳飞参加一次了迎敌
的战役。岳飞所率领的士兵仅有两千人，
和他对阵的人数却有几万人，寡众悬殊。
但是岳飞首先向敌方的一员将领奔去，一
刀砍杀了这员将领，然后，他又向敌军出
现混乱的阵地冲过去，对方的阵脚大乱，
众人四向溃散。岳飞所率领的部队立下了

奇功。

（三）奋勇抗金

后来，岳飞跟随杜充南下，退往建康（今江苏南京）。1129年冬，金军由兀术（即金太祖阿骨打第四子）统率大举南侵，渡江攻入建康。宋高宗辗转逃往海上，仅率臣八九人，乘楼船漂泊于温州、台州一带。

岳飞奉命收复建康，先率部在城南牛头山埋伏，深夜派百名黑衣战士混入敌营，使金军于梦中，互相残杀，又伺机捕捉敌人哨兵，获知敌北撤路线，火速赶往静安镇，横刀跃马冲入敌军，击毙敌军无数，乘胜进驻建康后，升任通（今江苏南通）、泰（今江苏泰州）镇抚使。

1130年，金扶植汉奸刘豫割据河南、淮北建立伪齐政权，目的是牵制南宋以缓和宋对金的直接威胁。放回降臣原宋

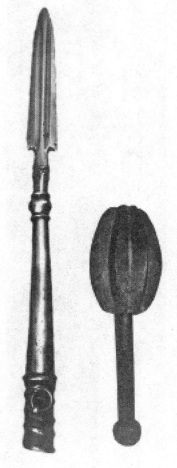

御史中丞秦桧，让他劝诱高宗行南北分治。同时由兀术率主力征服川、陕，以断南宋兵粮的后援。

南宋相应在江淮之间设防，派岳飞防守江州（今江西九江）至江陵（今湖北江陵）一线，岳飞先平定叛军、游寇及农民起义，收编精兵，以后三次主动出击，大获全胜。

第一次在1134年，岳飞率军从江州出征，收复伪齐占领的襄阳等六州之地。在随州（今湖北随县），岳飞的16岁长子岳云，手握两只各重80斤的铁锤力夺头功。在襄阳，岳飞慧眼识破敌人以骑兵布防江岸，以步兵摆阵阔野的破绽，令部将以手持长枪的步兵攻敌骑兵，使其阵脚大乱，互相争挤夺路，落入江中。又以骑兵将敌步兵杀得丢盔卸甲，击溃对方主力。仅用时三个月即顺利收复六州，打通了通往川陕之路，扭转了南宋的被动局面，增强了军民抗敌的勇气和信心。32岁的岳飞被破例提升为清远节度使，又晋封武昌郡开国侯。

由于宋高宗严令不得越界追敌扩大事态，岳飞只得率军回鄂州（今湖北武昌）驻防，期盼着"何日请缨提劲旅，一鞭直渡清河洛"。1134年底，金、齐联军进逼庐州（今安徽合肥），岳飞东下解围，敌军闻风北逃，"岳家军"不战而胜。

1135年夏，岳飞率军镇压洞庭湖地区杨么起义，被朝廷封为开国公。岳家军由于收编起义军人数猛增。次年，岳家军第二次北上出击，收复洛阳西南险要之地，夺取烧毁伪齐粮秣，逼近黄河。因朝廷不供军粮，功败垂成。虽升职太尉，依然壮志难酬，便填了一首《满江红》抒怀：

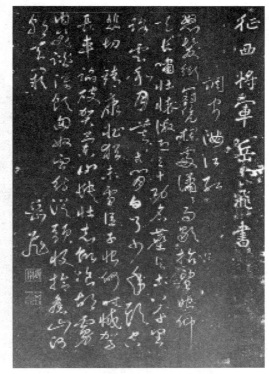

怒发冲冠，凭栏处，潇潇雨歇。抬望眼，仰天长啸，壮怀激烈。三十功名尘与土，八千里路云和月。莫等闲，白了少年头，空悲切！

靖康耻，犹未雪；臣子恨，何时灭？驾长车，踏破贺兰山缺。壮士饥餐胡虏肉，笑谈渴饮匈奴血。待从头、收拾旧山河，朝天阙！

1137年，金下令撤除节节败退的伪

齐，以归还河南、陕西为条件诱使南宋议和称臣纳贡。1139年元旦，秦桧代高宗向金使跪拜称臣、接受金朝皇帝诏书，达成和议。岳飞坚决反对，上表称"和好不可恃"，并四次奏辞因和议而赏封给他的官衔，遭秦桧忌恨。

果然，金军于1140年5月撕毁和约，四路伐宋。高宗大惊失色，不得不下令各军分别抵抗。岳飞第三次出击，令所部一支分路进攻河南，一支重返河北，自己率主力从正面向汴京推进。40多天，先后收复陈州（今河南淮阳）等重镇，从三面形成对汴京的包围圈。七月初，岳飞以少数轻骑驻守郾城，每天派小股人马向金军挑战。兀术由小路进军至城北20里处与岳家军相遇。

岳飞命岳云先闯敌阵，苦战几十回合，获胜。金兀术遂以有"常胜军"之称的"铁塔兵""拐子马"袭来。"铁塔兵"是金兀术侍卫亲军，由三千余名头戴

双层铁盔、身披重甲的骑兵组成，每推进一段，后面便立刻设置障碍，只能前进不能后退。正面冲锋时，犹如一道铁墙。左右两翼配备轻骑兵一万五千，常在战斗最激烈时突然出击，称"拐子马"。待敌军临近，岳飞指挥经过专门训练的步兵手持"麻扎刀"和大斧专砍马腿，使敌马翻人仰不得前进。从午后直战至天黑，金军大败。

接着，在郾城附近连战连捷。在颍昌（今河南许昌）再杀退金兀术的十万步兵和三万骑兵。金军全线崩溃，副帅毙命，金兀术败逃。岳飞上书高宗：此乃"陛下中兴之机，金贼必亡之日"。并亲率岳家军追抵朱仙镇，距汴京又45里，与义军配合将金军围困在汴京，派猛将率500精骑与十万金军对阵。

岳飞决心乘胜渡河收复河北，激励部将："直捣黄龙府，与诸君痛饮耳！"然而，高宗慑于岳飞震主之威，听信秦桧谗言，"令岳飞暂且班师"，下令各路大军一律撤回原驻地。岳飞锐意北伐，上奏道："豪杰向风，士卒用命，时不再来，机难轻失。"高宗借口"孤军不可久留"，一天催发十二道金牌（即一尺长朱漆金字木牌），日行四五百里。岳飞涕泪交流，痛心疾首，大放悲声："十年之功，废于一旦！"被迫撤军。此后，金兀术提出"必杀飞，始可和"的条件。高宗于1141年一举剥夺韩世忠、张俊、岳飞的兵权，解散其军队。诏岳飞赴临安（今浙江杭州）任枢密使。

（四）忠义含冤死去

在岳飞任枢密使之后不久，秦桧又唆使右谏议大夫万俟卨以居功颓惰弹劾岳飞，使罢官出朝。再诬陷岳飞与岳云及部将张宪谋反，将岳飞逮捕入狱，由高宗亲自审理此案。审讯中御史中丞何铸被岳飞

背上由其母亲手刺上的"精忠报国"四个大字所深深感动，转而为岳飞鸣冤，朝廷改由万俟接任审理。同年底，宋金议和，规定：宋金以东起淮水，西至大散关（今陕西宝鸡西南）为界；南宋每年向金纳贡银绢各25万匹两；南宋称臣，且"世世子孙谨守臣节"。

1142年1月，岳飞被以"莫须有"（即或许有）罪赐死，时年39岁。岳飞死后，全家被抄，五子中除岳霖被人收养，余皆或充军岭南，或逃往湖广。甚至下属也被株连罢免或处死。直至高宗退位，孝宗为鼓士气，平民愤。才追复岳飞官职，将其遗骸依礼迁葬于西湖栖霞岭下。宁宗时，追封岳飞为"鄂王"，立岳庙。

岳飞一生俭朴，不置田产，不积私财，不为后代钻营利禄。岳飞用兵，一反出征前先授大将阵图，由皇帝遥控的成制，认为按图布阵是用兵的常法，但用好的关键则是将领审时度势。岳飞治军严谨，纪律严明，人称："冻死不拆屋，饿死不掳掠""撼山易，撼岳家军难"。打仗时他身先士卒，与士兵共甘苦，从不居功自傲，赢得了历代人民的崇敬和同情。关于岳飞的传说很多，而且流传的形式也多种多样。在一些地方，人们将油条称为"油炸烩（音同桧）儿"。人们在杭州岳飞墓前铸造了秦桧夫妇等四个铁人，向岳坟跪着，墓阙上悬联："青山有幸埋忠骨，白铁无辜铸佞臣。"

八、民族英雄郑成功

(一) 青少年时期的郑成功

明朝末年, 无数英雄人物叱咤风云, 建立了丰功伟业。民族英雄郑成功就是他们之中一颗灿烂的明星。

天启四年七月十四日 (公元1624年8月27日), 郑成功出生在日本平户。郑成功原名郑森, 父亲叫郑芝龙, 母亲是日本人, 名叫田川贞子。关于郑成功的诞生还有一

些传说。据说，郑芝龙在日本常去藩士家学双刀技，郑成功的母亲临产时，郑芝龙正在外学习双刀技没有回来。郑母一日游千里滨，突然腹痛得难忍，就靠在滨内的巨石上生下了郑成功。当地人至今还把那石头叫做"儿诞石"。因为巨石的侧面有一棵古松，所以郑成功最初名叫"福松"。

郑成功生活的时代，恰好是荷兰殖民者不断向东方扩张的时候，也就是在郑成功出生这一年，荷兰殖民者占领了台湾岛。1644年，李自成的起义军进入了北京，明朝最后一个皇帝崇祯皇帝在景山自杀身亡。之后清军入关，致使李自成的起义军在北京城仅仅停留了一个多月就被迫离开了。

而此时在我国南方还出现了一个"南

明"王朝。这是由郑森的父亲郑芝龙等人，统兵拥立明朝皇族朱聿键为帝，在福州登基，改元隆武。隆武帝对满怀报国之心的一介书生郑森寄予了厚望，赐郑森国姓"朱"，并赐名"成功"。

（二）成功收复台湾

在南明王朝建立之后不久，清军南下，郑芝龙为了一己之私，秘密答应了清军的议和条件。与此同时，荷兰殖民者开始大范围地强占台湾百姓的土地，并开枪打伤了台湾百姓郭老爹等人，郭老爹便派儿子郭怀一向郑芝龙求救。但郑芝龙为了个人荣华，不顾福建和台湾百姓的存亡，不顾妻子田川贞子和郑成功的苦劝，最后投靠了清军。

随后，清军大举杀入福建。数万名百姓和郑家士兵请求郑成功起兵抗敌，正在这时，传来了隆武皇遇难，郑家被清军洗劫，郑母田川贞子受辱自尽的消息。这一切促使郑成功毅然决然脱去儒装，背负起救国的大旗。此后，郑成功率领郑家军转战南北，与清军和荷兰殖民者周旋、抗争。他施巧计攻占厦门，铲除了与荷兰人勾结、盘剥百姓的土豪郑联，并以此为基地，养精蓄锐。

郑成功的部将马信等人，为报家仇，纷纷请兵进攻南京。而占据台湾的荷兰长官派人来厦门与郑成功谈判，企图挑起郑成功与清军之间的内战。郑成功巧施妙计，点化了荷兰翻译何斌，使之成为自己的内应, 并通过荷兰人的蛮横和傲慢, 教育了部将马信等人。

台湾百姓为反抗荷兰殖民者的统治, 在郭怀一的领导下, 凭着大刀长矛, 发动了农民起义。怎奈敌人势力强大, 起义失败, 郭怀一被杀, 台湾血流成河。面对清军的压力、荷兰人的嚣张、台湾百姓的苦难, 究竟是先北上抗清, 还是先攻打台湾, 郑成功陷入了重重矛盾的沉思。最后, 他出乎意料地决定先进攻南京, 抗击清军。

郑成功率军北上, 一路所向披靡, 直逼南京城下。然而, 包围了南京之后, 他又下令围而不打。部将马信大惑不解, 这时郑成功才向他透露了"敲山震虎, 以保厦门的安全, 然后收复台湾"的军事意图, 马信恍然大悟。郑成功以围城打援、声东击西之计, 在凤凰沟歼灭了清军有生力量之后, 立即下令, 回师厦门。

郑成功召回何斌, 并全面开始了收复

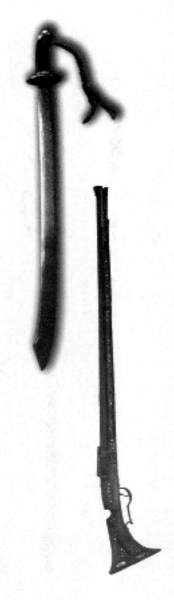

台湾的准备。1661年，他率大军二万五千人、战船数百艘，越洋过海，踏上了收复台湾的征途。浩瀚的海上，双方舰队相望，敌舰武器装备优良，郑家军面临着严峻的考验。郑成功从容而镇定地指挥着这场海战。部将马信、陈豹、王大雄等人以及郑家军士兵，争先恐后，奋勇作战。经过浴血奋战，他们打垮了荷兰的主力舰队，又一举拿下赤嵌城。

郑家军登陆之后，荷兰人妄图以金钱收买郑成功，使他撤出台湾，遭到郑成功的严正拒绝。然而，敌人凭借坚固的热兰遮城堡，负隅顽抗。在这期间，郑成功访问台湾百姓家，见到了当年郑芝龙所立的石碑，百感交集。百姓告诉他可以切断热兰遮的水源。郑成功随即下令切断水源，并派人与城内的暗线李德义联系，周密准备最后的决战。

城内城外都已安排妥当，大决战开始了。郑军的炮火铺天盖地，士兵们像潮水一样涌向热兰遮。敌人的抵抗也是顽强的，一排排攻城的士兵倒下了。城里的内应李德义也被捕入狱。关键时刻，郑成攻下令马信率领敢死队作最后的冲击。马信率兵冒死攻上了城墙，与敌人展开了殊死的搏斗，他身受多处重伤，点燃了身上的炸药，扑向敌群，壮烈牺牲。与此同时，李德义等人也越狱逃出，冒死打开了城门。敌人无条件投降。三十八年的殖民统治宣告结束，台湾终于回到了祖国的怀抱。